BEI GRIN MACHT SICH IHR WISSEN BEZAHLT

Bibliografische Information der Deutschen Nationalbibliothek:

Die Deutsche Bibliothek verzeichnet diese Publikation in der Deutschen National-
bibliografie; detaillierte bibliografische Daten sind im Internet über http://dnb.d-
nb.de/ abrufbar.

Impressum:

Copyright © 2014 GRIN Verlag, Open Publishing GmbH
Druck und Bindung: Books on Demand GmbH, Norderstedt Germany
ISBN: 978-3-668-20005-0

Dieses Buch bei GRIN:

http://www.grin.com/de/e-book/318602/action-learning-in-der-fuehrungskraefte-
entwicklung

Julie Kassap

Action Learning in der Führungskräfteentwicklung

GRIN Verlag

GRIN - Your knowledge has value

Der GRIN Verlag publiziert seit 1998 wissenschaftliche Arbeiten von Studenten, Hochschullehrern und anderen Akademikern als eBook und gedrucktes Buch. Die Verlagswebsite www.grin.com ist die ideale Plattform zur Veröffentlichung von Hausarbeiten, Abschlussarbeiten, wissenschaftlichen Aufsätzen, Dissertationen und Fachbüchern.

Besuchen Sie uns im Internet:

http://www.grin.com/

http://www.facebook.com/grincom

http://www.twitter.com/grin_com

Inhalt

1. Einführung

Ob in unserem Berufs- oder Privatleben ständig sind wir kleinen Auseinandersetzungen und neuen Problem ausgesetzt und bemühen uns einer schnellen und effektiven Lösung dieser. Jeder kennt jene unangenehmen Situationen und die Auswirkungen auf die Psyche und den Körper. Eine unzufriedenstellende Problemlösung strahlt enormen negativen Stress auf uns aus und lässt uns manchmal sogar verzweifeln. Wenn man heutzutage sich in der Wirtschaft umschaut, sieht man viele Branchen und Wirtschaftszweige, die sich verstärkt mit Problem- und Konflikt-lösungen auseinandersetzen müssen. Die am größten belastete Arbeitsgruppe sind hierbei die Führungskräfte. Egal in welcher Stufe sich diese befinden, Führungspositionen werden stärker gefordert und belastet. Die zumutbaren Grenzen werden oftmals überschritten. Da ist ein 12 Stunden Arbeitstag, mit kaum Mittagspause und vielen aufeinanderfolgenden Meetings ohne Erholungspausen Routine und gehört leider zum Alltag. Aufgrund des hohen Arbeitspensums und der Verantwortungsbereitschaft verliert man somit ganz schnell den Überblick. Die Angst, etwas Wichtiges versäumt oder übersehen zu haben, ist immer präsenter. Die Schnelllebigkeit im Unternehmen ob Fusionen, Umstrukturierung oder Entlassungen, verstärken das Angstge-fühl um den Arbeitsplatz und verschärfen damit das Konkurrenzverhalten. Selbst Führungs-kräfte haben Angst um den Arbeitsplatz und was die Zukunft noch mit sich bringt. Dem stän-digen Druck ausgesetzt zu sein, konstant leistungsstark zu performen, wo bleibt da noch der Raum, für den Austausch zwischen den Kollegen und der persönlichen Weiterbildung? Um die Belastungen und den Wunsch der Veränderung spricht man daher nicht, bis es bei dem ein oder anderen an die gesundheitlichen Grenzen schlägt oder das Arbeitspensum die Leistungsvolu-men übersteigt. Jedoch ist dann eine Eskalation nur unproduktiv und einer Verbesserung der Situation entgegenzusteuern erschwert es dann erheblich. Vorbeugende Maßnahmen, die im Arbeitsalltag intergiert sind, treffen da schon die besten Voraussetzungen dem entgegenzusteu-ern.

Unternehmerisches Wirtschaften allein darf hierbei nicht der einzige Fokus sein. Die Weiterbil-dung und Austausch der Mitarbeiter in verschiedenen Projekten muss in Form von Programmen vom Unternehmen gefördert und unterstützt werden.

Besonders im Zeitalter der Informationstechnologie kann man effektiv und schnell solche Pro-zesse im Unternehmen integrieren und für alle Hierarchiebenen zugänglich machen. Diese Ent-wicklunge ermöglichen gerade den Führungskräften einen flexiblen Austausch, den sie intensiv in kurzer Zeit gestalten können. Somit kann man Lernmethoden und Lernerfahrungen problem-los in seinen Projektgruppen kommunizieren und den Austausch fördern. Jedoch wie ist die

Stimmung zum Thema Lernkultur in deutschen Unternehmen? Eine Studie von der Akademie der Führungskräfte der Wirtschaft hat im Jahr 2007 sichprobenartig dies bei einer Befragung von 360 Führungskräften erfragt. Siehe Abbildung 1 ist deutlich zu erkennen, dass dem Thema Lernkultur zu wenig Aufmerksamkeit und Ernsthaftigkeit geschenkt wird.[1]

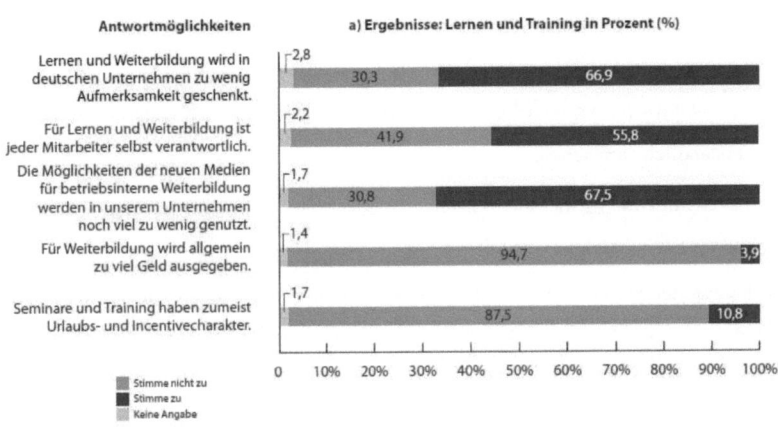

Abb. 1: „Beurteilung Lernkultur in deutschen Unternehmen"

Und deswegen kann man mit der Action Learning Methode, dem handlungsorientertem Lernen, den Prozess des Erfahrungslernens effektiv in die Unternehmensstrukturen integrieren und in Projektarbeit miteinbeziehen. Action Learning ist ein Ansatz zur Entwicklung von Personen und Organisationen. In kleinen Gruppen greifen Personen wichtige Themen oder Probleme der Organisation auf und lernen aus Ihren Versuchen, die Dinge zu ändern.[2] Das setzt somit voraus, dass alle Beteiligten eines Projektes, sich dabei als Lernende verstehen und dadurch auch eine offene Haltung einnehmen.

Durch einen stetigen Lernprozess sollen Menschen dazu befähigt werden, Probleme nicht nach einem vorgegebenen Schematik zu lösen, sondern Ihre Fehler und Lösungswege eigenständig zu erkennen. Dies kann nur erfolgreich umgesetzt werden, wenn die Mitarbeiter die Bereitschaft mitbringen, Neues zu lernen und sein Umfeld gründlicher zu analysieren. Dadurch eröffnet sich dann die Möglichkeit der persönlichen Einflussnahme am Geschehen.

---

[1] Akademie Studie (2007): Lernen - Managen - Führen: Wie bilden sich deutsche Manager weiter? Befragung von 360 Führungskräften der Wirtschaft, S. 9
[2] Mike Pedler (2008): Action Learning for Managers, S. 1

Die Weiterbildung erfolgt dann zeitgleich und direkt vor Ort. Damit wird durch das Action Learning eine Verknüpfung zwischen dem Gelernten und dem Arbeitsplatz hergestellt.

1.1 Zielsetzung und Aufbau der Studienarbeit

Der Untersuchungsgegenstand der vorliegenden Studienarbeit ist es, die Lernprozesse durch die Action Learning Methode bei der Weiterentwicklung von Führungskräften aufzuzeigen. Das Thema meiner Arbeit heißt: „Action Learning in der Führungskräfteentwicklung".

Anfangs ist es wichtig, die Methode Action Learing anhand von Begriffserklärungen und Definitionen verständlich zu machen.

Dann möchte ich mit Hilfe meines theoretischen Fachwissens Weiterbildungsmöglichkeiten für Führungskräfte beschreiben und darstellen.

In der Einleitung der Studienarbeit wird zuerst auf die aktuelle Ausgangssituation von Führungskräften im Berufsalltag, dem Umgang mit der Lernkultur und Prozessen in der Projektarbeit eingegangen. Dafür wird auch eine Auswertung einer repräsentativen Studie herangezogen. Im Hauptteil der Studienarbeit möchte ich zuerst am Anfang eine Transparenz über das Action Learning, die Methoden und Programme schaffen. Dabei erkläre ich die wesentlichen Aspekte und zeige Lösungsmöglichkeiten durch Action Learning bei der Führungskräfteentwicklung auf. Am Ende der Studienarbeit erfolgt mein persönliches Fazit über die erworbenen Erkenntnisse und einen Ausbilck auf die neuen Veränderungen im Action Learning in Bezug auf die Neuen Medien.

Angefügt sind letzendlich noch die Literatur- und Quellenangaben sowie das Abbildungsverzeichnis.

2. Theoretischer Teil Begriffserklärungen

Zuerst möchte ich grundlegende und notwendige Begriffe definieren und ihre Bedeutung aufzeigen, damit man eine erfolgreiche Einführung in das Thema und somit eine klare Übersicht über das Action Learning bekommt.

2.1 Geschichtes des Action Learnings

Als Begründer des Action Learnings, auch handlungsorientiertes Lernen genannt, gilt der Forscher Reginald Revans. Schon in den dreißiger Jahren konnte er damals seine Kollegen beim gegenseitigen Austausch zu wissenschaftllichen Themen beobachten und stellte dabei fest, dass sich die Gruppe als Unterstützungsmedium nutzte und selbst Nicht-Experten miteinbezogen wurden.[3] Seither gilt bis heute noch die Forderung, als eines der wichtigsten Merkmalde der Methode, dass Außenseiter und Nicht-Experten in den Austausch miteinzubeziehen, um aus einen anderen Blickwinkel neue Fragen stellen zu können und Grundannahmen kritisch zu hinterfragen. Dabei ist die systematische Betrachtung von verschiedenen Perspektiven eine sehr hilfreiche Einstellung, um Wahrnehmungseinschränkungen in Form von „Gruppendenken" zu umgehen. Action learning ist so gesehen ein systematischer Versuch, den Mechanismen des Gruppendenkens entgegenzuwirken und seinen realitätszerrenden Aspekten zu entkommen.[4]

2.2 Definition Action Learning

Nach einer fast 70 –jährigen Historie definieren neben dem Forscher Reginald Revans noch weitere Wissenschaftler diesen Begriff. Eine Auswahl von einigen Definitionen:

- „Action Learning ist die Lösung komplexer und realer Probleme zugunsten Dritter, Lernen mit unterschiedlichen Lernpartnern, lernen zu lernen und zwar im Lernen von – und zu miteinander"[5]

- „On its most basic level, Action Learning is nothing then learning by doing in a controlled environment[6]

Hier merkt man wie unterschiedlich die Definition des Begriffes ausgelegt wird. [6]

Aber vereinfacht als Basis kann man definitiv behaupten, dass es beim Action Learning um das „Learning by doing", übersetzt dem „Lernen beim Handeln" geht. Dies wird nun noch durch die Lernformel, von 1998 aufgestellten Lerngleich von Revans:[7]

- $L = P + Q$

Damit wird beschrieben, dass

- L = Lernen, aus der Addition von
- P = programmiertes Wissen und
- Q = Erkenntnis aufgrund von Fragen resultiert.

---

[3] Reg Revans (2011): ABC of Action Learning, S. 2 f
[4] Bernhard Hauser (2008): Action Learning im Management Development, S. 32 ff
[5] Otmar Donnenberg (1999 b): Action Learning- ein Handbuch. S. 54
[6] Dotlich & Noel (1998): Action Learning, S. 1
[7] Yury Boshyk Robert Dilworth (2010): Action Learning: History and Evolution, S. 31 f.

2.2 Merkmale des Action Learnings

Aus der geschichtlichen Entwicklung heraus, muss man nun die wichtigsten Erkenntnisse aus dem Action Learning herausziehen. Daraus kann man zusammenfassend folgende Merkmale des Action Learning aufzählen:[8]

- Learning by doing

- Nach der Lerngleichung eine Addition von Expertenwissen und explorativem Erkunden von Neuland, wobei tendenziell der explorative Anteil steuert, welches Expertenwissen benötigt wird.

- Das Action-Learning- Team als Medium für Reflexion, Erproben neuer Lösungen und persönliche Entwicklung.

- Die Simultaneität von Problemlösen und Lernen bzw. von persönlicher und organisatorischer Entwicklung in Form einer „Wippe" oder eines „magischen Steinwurfs".

Siehe Abbildung 2 die 4 einfließenden Elemente der Action-Learning Wippe.[9]

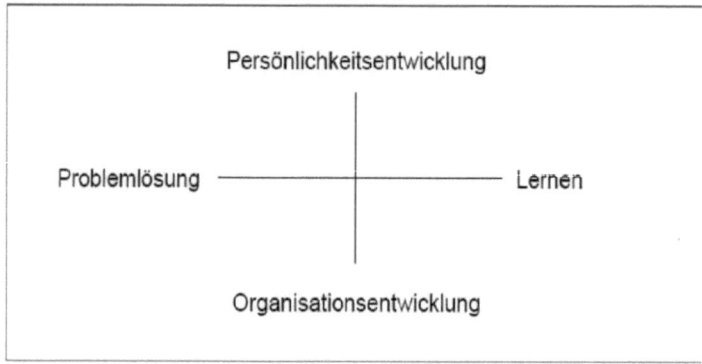

Abb. 2: „Die Action-Learning Wippe"

---

[8] Bernhard Hauser (2008): Action Learning im Management Development, S. 45 f
[9] M.J. Marquardt (1999): Action Learning in action, S. 7 und K.Weinstein (1995): Action Learning, S. 65 f

2.3. Action-Learning Programme

Das erste Action Learning Programm wurde durch Revans eingeführt und seither werden in vielen Branchen und Unternehmen Action Learning Programme zur Verbesserung von Strukturen oder Abläufen eingesetzt. Jedoch handelt es sich bei Action Learning, um ein komplex Konstrukt mit vielfachen Wechselwirkungen, dessen Auswirkung und Erfolg schwer eindeutig operationalisierbar und messbar sind. Der Erfolg von Action Learning als Methode der Führungskräfteentwicklung muss sich letztlich daran messen lassen, ob eine Verbesserung stattgefunden hat.[10]

Der Ausgangspunkt jedoch ist ein real vorliegendes Managementproblem, welches als Projekt aufgesetzt wird, und bei dem tatsächlich Handlungsbedarf besteht und die Lösungsfindung sich schwierig gestaltet. Das Lernen bekommt dadurch lebensweltliche Relevanz wie kein Planspiel und keine „case study". Gelernt wird das, was benötigt wird, und zwar in dem Moment, in dem es gebraucht wird.[11] Action Learning Programme werden zufolge individuell auf eine bestimmte Zielgruppe abgestimmt und entwickelt.

Je nach Ziel des Programmes können verschiedene Theorien angewendet werden, jedoch bleibt die gemeinsame Grundlage erhalten.

Siehe Abbildung 3 besteht so ein Projekt- Set aus mehreren Teilnehmern und Einflüssen:[12]

---

[10] Bernhard Hauser(2008): Action Learning im Management Development, S. 22 ff
[11] Frank Jetter, Rainer Skrotzki (2005) : Soziale Kompetenz , S. 147
[12] B. Garratt (1983): The power of action learning. Action Learning in Practice, S.35

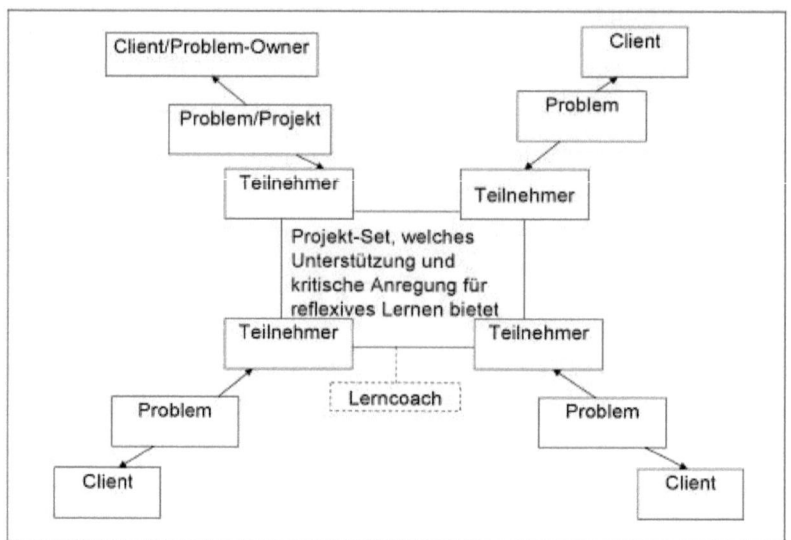

Abb. 3: "Projekt-Set"

Wichtige Bestandteile diese Projekt-Sets sind dabei:[13]

- Das Problem, hier das Projekt

- Der Client (die Führungskraft z.b)

- Das Set Mitglied (hier die Projekt-Teilnehmer)

- Der Set Berater (ein Action-Learning-Experte)

- Die Tutuoren (Fachexperten für das Thema)

- Das Set Meeting (3-4 Stundenlänge) und Workshops (1-2 Tage)

---

[13] S. Inglis (1994): Making the most of action learning, S. 12 f.

3. Hauptteil

Wichtig ist nun zu verstehen, dass Action Learning zwar aus der Forschung heraus konzipiert, jedoch in der Managementpraxis weiterentwickelt wurde. Mit dem Hintergrund nicht um Lehren und zu Unterrichten, sondern um eine gemeinsame Lösung für anstehende Probleme im Berufsalltag zu finden.

3.1 Zielrichtungen von Action Learning

Action Learning wird als praxisorientiertes Vorgehen bezeichnet, welches sich durch die Schlüsselpersonen Ihre Umgebung sowohl als Aktions wie auch Lernfeld nutzen. Somit nutzen Führungskräfte Ihr Unternehmen einerseits für Ihre persönliche Entwicklung und andererseits zur Optimierung Ihres Geschäftsbetriebs. Nun unterteilen sich die Ziele in einem Führungskräfteentwicklungsprogramm folgendermaßen auf:[14]

1. Nutzen für die Organisation

2. Entwicklung von Führungskräften

Im nächsten Schritt möchte ich auf diese beiden Ziele etwas genauer eingehen.

Angefangen mit dem ersten Punkt dem Nutzen für die Organisation:

- Das Team bearbeitet gemeinsam Fragestellungen oder Probleme und versucht diese zu lösen

- Dabei geht es um die Analyse und Umsetzung von Prozessen, Strukturen oder Geschäftsideen

- Das Team kann bestehendes optimieren oder neue Methoden vorantreiben

- Mitarbeiter lernen schnelle Erfolge zu erzielen, was das Lernen wiederum begünstigt

Für die Organisation und somit das Unternehmen ist Action Learning eine kostspielige Methode, jedoch wird diese Investition in Form von produktiven Ergebnissen der Mitarbeiter „zurückbezahlt".

---

[14] Bernhard Hauser (2008): Action Learning im Management Development, S. 15 ff

3.1.1 Kompetenzen und Kompetenzklassen

Auch die Weiterentwicklung der Führungskräfte durch die Bearbeitung auf Action-Learning Aufgaben, entwickeln sich bei den Führungspersonen Qualitäten, die als Kompetenzen bezeichnet werden.

Folgende 8 Kompetenzen können somit weiterentwickelt werden:

* Lösungskompetenz

  Komplexe Fragestellungen werden erroiert, Zusammenhänge werden verstanden, um passende Lösungsansätze zu entwickeln.

* Umsetzungskompetenz

  Rasche Lösungsfindung, Erfahrungen werden zur Verbesseung und Weiterentwicklung des Lösungsansatzes genutzt.

* Sozialkompetenz

  Adäquates Kommunikationsverhalten und Auftreten gegenüber seiner

  Gesprächspartner aller Hierarchiestufen, ob beim Durchsetzen der Belange eigener oder die der anderen.

* Teamkompetenz

  Eine Grundvoraussetzung für gelingende Teamarbeit. Dabei muss man auch personellene und arbeitsorganisatorische Bedingungen miteinbeziehen, da diese ein unterstützendes Instrument für den Erfolg der Teamarbeit sind.[15] Ob Umgang mit Konkurrenzverhalten, Feedbackrunden oder Teamerfolg als gemeinschaftliches Engagement, viele Themen muss man beim Erlernen vom Teamkompetenz berücksichtigen.

* Netzwerkkompetenz

  Teilnehmer sind im Stande, beruflich sowie persönlich mit den Kollegen aktiv sich in Verbindung zu setzten, diese Kontakten zu pflegen und weiter auszubauen.

---

[15] Willy C. Kriz, Brigitta Nöbauer, (1996): Teamkompetenz. S. 10

- Innovationskompetenz

  Mut beweisen, auch alt eingefahrene Strukturen und Mechanismen im Unternehmen zu hinterfragen, Risiken eingehen, um auch Neues zu erproben. Kritische Auseindersetzung mit Folge einer konstruktiven Lösung.

- Reflexionskompetenz

  Eigenes Verhaltensmuster und eigene Werte, Einstellung, genauso auch die der Organisation, sind zu reflektieren, um sich dann ein konstruktives Feedback, von seinem sozialen Umfeld einholen zu können. Ein Dialog zur Weiterentwicklung sollte als Ergebnis stattfinden.

- Unternehmens- und Geschäftskompetenz

  Man versteht und kennt das Unternehmen und seinen Bereich aus unterschiedlichen Perspektivien und ist dadurch in der Lage, erfolgreich sich an Wirkungszusammenhänge zu beteiligen und damit Unterstützung zu gewinnen

Nun werden nach Erpenbeck & v. Rosenstiel Kompetenzen als Dispositionen selbstorganisierten Handels gekennzeichnet. Wie in Abbildung 4 unterscheidet man diese in 4 unterschiedlichen Kompetenzklassen:[16]

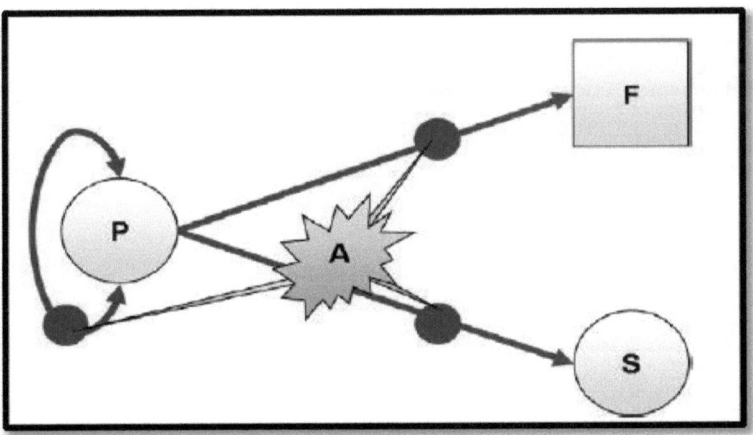

Abb. 4: Die unterschiedlichen kompetenzrelevanten Subjekt-Objekt-Relation

---

[16] J. Erpenbeck und L. v. Rosenstiel (2007): Handbuch Kompetenzmessung, S.XXIII ff.

- **Personale Kompetenzen (P) :** Dispositionen einer Person, reflexiv selbstorganisiert zu handeln, d.h. sich selbst einzuschätzen, produktive Einstellungen, Werthaltungen, Motive und Selbstbilder zu entwickeln, eigene Begabungen, Motivationen, Leitungsvorsätze zu entfalten und sich im Rahmen der Arbeit und außerhalb kreativ zu entwickeln und zu lernen

- **Aktivitäts – und umsetzungsorientierte Kompetenzen (A):** Dispositionen einer Person, aktiv und gesamtheitlich selbstorganisiert zu handeln und dieses Handeln auf die Umsetzung von Absichten, Vorhaben und Plänen zu richten – entweder für sich selbst oder auch für andere oder mit anderen, im Team, Im Unternehmen, in der Organisation. Diese Dispositionen umfassen damit das Vermögen, die eigenen Emotionen, Motivationen, Fähigkeiten und Erfahrungen und alle anderen Kompetenzen – personale, fachlich-methodische und sozialkommunikative – in die die eigenen Willensantriebe zu integrieren und die Handlungen erfolgreich zu realisieren.

- **Fachlich-methodische Kompetenzen (F):** Dispositionen einer Person, bei der Lösung von sachlichen-gegenständlichen Prolemen geistig und physisch selbstorganisiert zu handeln, d.h. mit fachlichen und instrumentellen Kenntnissen, Fertigkeiten und Fähigkeiten kreativ Probleme zu lösen, Wissen sinnorientiert einzulösen und zu bewerten: das schließt Dispositionen ein, Tätigkeiten, Aufgaben und Lösungen methodisch selbstorganisiert zu gestalten, sowie die Methoden selbst kreativ weiterzuentwickeln.

- **Sozial-kommunikative Kompetenzen (S):** Dispositionen, kommunikativ und kooperative selbstorganisiert zu handeln, d.h. sich mit anderen kreativ auseinander- und zusammenzusetzen, sich gruppen- und beziehungsorientiert zu verhalten, und neue Pläne, Aufgaben und Ziele zu entwickeln

Wenn man nun die Kompetenzen, die zur Weiterentwicklung der Führungskräfte von Bedeutung sind in die Kompetenzklassen zuordnen möchte, wird man erkennen, dass fast alle Kompetenzklassen abgedeckt werden. Nur die Unternehmens- und Geschäftskompetenz dient als Querschnittsfunktion, die sich aus allen Kompetenzklassen bedient.

Folgende Zuordnung der Kompetenzen und der Kompetenzklassen:[17]

Personale Kompetenzen (P) - Reflexionskompetenz	Aktivitäts- und umsetzungsorientierte Kompetenzen (A) - Umsetzungskompetenz
Fachlich-methodische Kompetenzen (F) - Innovationskompetenz - Lösungskompetenz	Sozial-kommunikative Kompetenzen (S) - Sozialkompetenz - Teamkompetenz - Netzwerkkompetenz

3.2 Kernelemente

Einer der Grundgedanken von Revans lautet: „Man muss Menschen zusammenbringen, damit Sie sich über Ihre Probleme, nicht über Ihre Cleverness austauschen".

Im übertragenem Sinne und besonders in Bezug auf Führungspositionen heißt das, man sollte nicht nur sein Expertenwissen austauschen, sondern reale und bedeutende Probleme im Unternehmen gemeinsam lösen. Dabei sollte dies als intensiver Erfahrungsaustausch gesehen werden. Durch solch eine Einstellung und Erfahrung wird dabei das Unternehmen selbst zum Lernfeld und die Führungskräfte entwickeln sich durch Ihre Reflexionen nachhaltiger. Dadurch unterscheidet sich Action Learning von anderen traditionellen

Managementtraining vor allem, dass die Basis nicht auf Vorträgen beruht, sondern durch aktives Partipizieren an realen Unternehmensproblemen. Durch Action Learning soll das gesamte Spektrum an Managementaufgaben angesprochen werden. Insbesondere die Fähigkeiten zur Datenerhebung und -analyse, zur Reflexion, zur Kommunikation in Gruppen, zur gemeinschaftlichen Entwicklung von praktikablen Lösungen und zur Findung von kooperativen Entscheidungen in Konfliktsituationen sollen durch Action Learning gefördert werden.[18]

Deshalb müssen sich Top-Manager und Führungskräfte im Eigeninteresse und Unternehmensinteresse weiterentwickeln und auch Ihr Anforderungsprofil an den Wandel der Zeit anpassen.

---

[17] Bernhard Hauser (2008): Action Learning im Management Development, S.19
[18] Heinz-Kurt E. Wahren (1996) : Das lernende Unternehmen: Theorie und Praxis des organisationalen Lernens, S. 33

Besonders bei langjährigen Karrierelaufbahnen bedarf es mehr Überzeugungsarbeit, alteinge-sessenen Führungskräften ein erfolgreiches Lernen, ohne in Form einer Belehrung, an den Mensch zu bringen. Denn jede Lernabsicht trifft meistens auf ein etabliertes Wissen, stabili-sierte Denk- und Verhaltensweisen und Emotionen. Jeder lernt ob im Berufs- oder Privatalltag, ohne das uns Lernprozesse verdeutlicht werden. Und wenn man eben in der Anwendungssitu-ation selbst lernt, dann findet Action Learning statt.

Siehe Abbildung 5 werden die Lernschritte, die innerhalb des Action Learning durchlaufen werden sollen, folgend in Form einer „Learning Spirale" durchlaufen werden:[19]

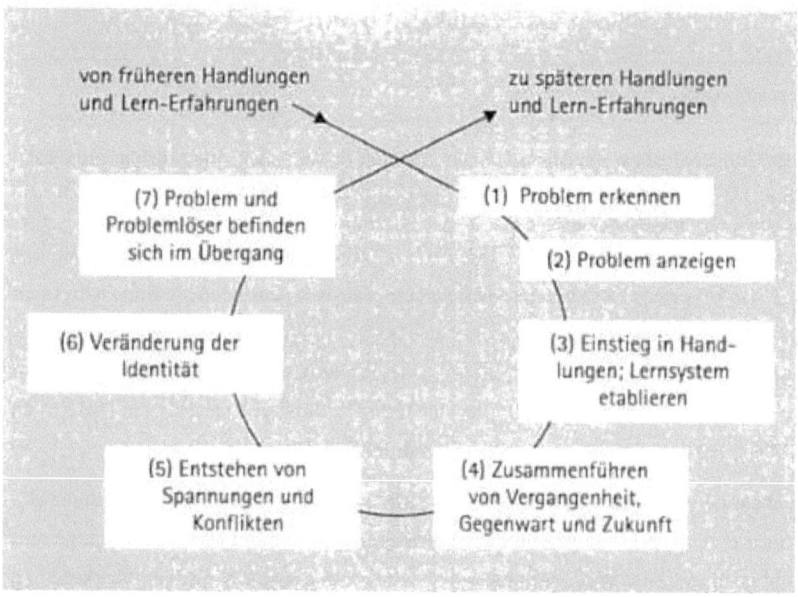

Abb. 5: „Learning-Spirale"

Somit findet Bewusstes Lernen vor allem auf Eigeninitiative und mit eigenen Zielsetzungen (eigenintentional) statt, wobei auch der eigenen Steuerung des Lernprozesses eine wichtige Bedeutung zutrifft.

---

[19] Mike Pedler (1991) : Action Learning in Practice, XXV

Was sind nun die Beweggründe, dass sich Führungskräfte Ihrer Weiterentwicklung annehmen? In einer Untersuchung konnten folgende Lernorierntierungen mit der größten Auswirkung auf entwicklungswirksame Veränderungen festgestellt werden:[20]

1. Nacheifern von bestimmten Personen (Vorbilder)

2. Orientierung an einem Rollen-Ideal

3. Verhalten entsprechender konzeptionell-wissenschaftlicher Einsichten

4. Orientierung an bisherigen Erfahrungen

Dabei gibt es vier Arten von persönlichen Voraussetzungen für eine erfolgreiche Entwickung bei Führungskräften, die sich folgend unterscheiden:[21]

- An einem offenen Feedback-Fluss über sich selbst interessiert sein

- Zur Selbstreflexion in der Lage sein

- Eigene Schwächen akzeptieren können

- Verändertes Verhalten wirklich anstreben

Man muss sich auf seine bewährten Stärken konzentrieren, jedoch auch risikobereit sein und für mögliche Potenziale offen. Denn ein ehrlicher Umgang mit sich selbst, bringt die richtige Einstellung zu weiterer Entwicklung der Persönlichkeit. Denn Weiterentwicklung von Führungskräften bedarf der produktiven Einwirkung von Außen und der richtigen Instrumente, denn alle anderen traditionellen Methoden sind in dem heutigem modernem Zeitalter weit unterlegen. Ob durch E-Learning Maßnahmen oder einer objektiven Beobachtung von Fachspezialisten, es gibt viele hilfreiche Unterstützung von Außen. Die entsprechenden Rahmenbedingungen von außen, kombiniert mit den persönlichen Ansprüchen und der inneren Motivation, begründen Entwicklunginhalte eigener Qualität. So kann Action Learning langfristig in der Karrierelaufbahn integriert und mit den richitgen Spezialisten auch individuell fortgesetzt werden. Zuletzt muss die Bereitschaft der Führungskräfte zur kritischen Selbstreflexion vorrausgesetzt werden und die Grundeinstellung, dass Methoden wie Action Learning bei der persönlichen Weiterentwicklung helfen können. Erst dann ist steht einer erfolgreichen Umsetzung

---

[20] A. Gib (1987): Varieties of managerial learning, 16 Jg. Heft 2/1987, S. 36ff.
[21] R. Kaplan (1987): Development at the top, S. 244 ff.

nichts im Wege und die Action Learning Methoden können effektiv genutzt und voll ausgeschöpft werden.

4. Fazit

Im Fazit möchte ich abschließend gewonnene Erkenntnisse reflektieren und zusammenfassen. Wichtig wäre zumal aber noch abschließend die Frage zu stellen: Warum die Führungskräfteentwicklung wichtig ist.

Laut einer Studie der Ruhr-Universität Bochum vom Jahr 2009 zufolge ist oftmals die Führungskraft im Unternehmen der Unzufriedenheitsfaktor und Kündigungsgrund Nummer 1. Von 3500 befragten Mitarbeitern sind nur 20 Prozent der Befragten sehr zufrieden und 56 Prozent mit Ihren Vorgesetzten nicht zufrieden, siehe Abbildung 6[22]. Jeder fünfte Mitarbeiter gibt dem Vorgesetzten die schlechtmöglichste Bewertung, was ein Statement für Unproduktivität im Unternehmen ist. Nur glücklich und zufriedene Angestellten sind produktive Mitarbeiter.

Abb. 6: „Mitarbeiterzufriedenheit mit Führungskraft"

Die Ergebnisse der Studie besagen, dass die Arbeitszufriedenheit sehr stark von der Zufriedenheit mit dem Vorgesetzten abhängt. Diese Faktoren werden von Führungskräften häufig vernachlässigt und dadurch werden wohl etwa 60 Prozent aller Mitarbeiter durch ihren Vorgesetzten indirekt demotiviert. Umso deutlicher wird dadurch, wie wertvoll die Invstion eines Unternehmens in die Führungskräfteentwicklung ist. Das Fehlverhalten von Führungskräften und das einhergehende fehlende Engagement der Mitarbeiter führt zu jährlichen volkswirtschaftlichen Kosten von bis zu 118 Milliarden Euro pro Jahr.[23]

---

[22] www.master-leadership.uni-bremen.de/fileadmin/user_upload/redaktion/public/FKE.pdf [23] http://berkemeyer.net/news/gallup-studie

Auch die Führungskräfte sehen sich der Herausforderung gegenüber, Potenziale Ihrer Mitarbeiter zu erkennen und abzurufen, sowie Veränderungen in immer kürzeren Zyklen aktiv mitzugestalten. Verschiedene Methoden können dabei der Führungsperson diese Anforderungen zu bewältigen helfen.[23] Ob in Form von Coaching, Feedback oder Action Learning, auch mehrere Methoden sind durchaus sinnvoll kombinierbar. Je nach Unternehmensstruktur und Kultur sollte man sorgfältig die passende Entwicklungsmaßnahme für sich auswählen, wie im Hauptteil beschrieben wurde.

Des Weiteren besteht die Herausforderung heutzutage auch darin, sich auf Lernprozesse einzulassen und sich Lernimpulsen zu öffnen. Diese Bereitschaft muss erstmal gegeben sein. Denn im hektischem Berufsalltag wird oftmals die Idee voneinander zu lernen und die eignen Annahmen und Wahrnehmung zu hinterfragen aus verschieden Gründen erstmal liegen gelassen. Abgesehen vom angeblichen Zeitproblem, ist dies aber der hauptsächliche Fehler in der Handhabung im Berufsleben. Diese Vorwände führen nur zu Missverständnissen und daraus resultierenden Eskalationen.

Grundsätzlich kann man nämlich behaupten, dass die Kommunikation der Hauptschlüssel zu vielen Problemen und Unzufriedenheiten ist. Wenn man offen und ehrlich miteinander kommuniziert, einander zuhört, sich auf den Kollegen einlässt, können schon viele Unstimmigkeiten und vielleicht auch Missverständnisse behoben werden. Oftmals findet einfach kein kommunikativer Austausch statt und man steigert sich in die Unzufriedenheit rein, statt es seinen Mitmenschen mitzuteilen. Dies sollte man in allen Hierarchieebenen vollziehen, ob mit dem Kollegen oder zur Führungskraft. Die Gründe sich gegen die Kommunikation zu entscheiden, sind meistens dann die Hauptfaktoren der Unproduktivität.

---

[23] Sven Grote (2012): Die Zukunft der Führung, S. 365 f.

6. Literatur- und Quellenverzeichnis

- Akademie Studie (2007): Lernen - Managen - Führen: Wie bilden sich deutsche Manager weiter? Befragung von 360 Führungskräften der Wirtschaft, S. 9

- Mike Pedler (2008): Action Learning for Managers, S. 1

- Mike Pedler (1991) : Action Learning in Practice, XXV

- Sven Grote (2012): Die Zukunft der Führung, S. 365 f.

- Reg Revans (2011): ABC of Action Learning, S. 3

- Dotlich & Noel (1998): Action Learning, S. 1

- Otmar Donnenberg (1999 b): Action Learning- ein Handbuch. S. 54

- Bernhard Hauser (2008): Action Learning im Management Development, S. 15 ff, S.19, S. 22 ff, S.32 ff &S.46

- Bernd Hauser (2001): Konzept und Theorie S. 5 -10

- Heinz-Kurt E. Wahren (1996) : Das lernende Unternehmen: Theorie und Praxis des organisationalen Lernens, S. 33

- Frank Jetter, Rainer Skrotzki (2005): Soziale Kompetenz , S. 147

- Yury Boshyk Robert Dilworth (2010): Action Learning: History and Evolution, S. 31 f.

- M.J. Marquardt (1999): Action Learning in action, S. 7

- K. Weinstein (1995): Action Learning, S. 65 f

- Willy C. Kriz, Brigitta Nöbauer, (1996): Teamkompetenz. Konzepte, Trainingsmethoden, S. 10

- J. Erpenbeck und L. v. Rosenstiel (2007): Handbuch Kompetenzmessung, S.XXIII ff.

- B. Garratt (1983): The power of action learning. Action Learning inPractice, S.35

- S. Inglis (1994): Making the most of action learning, S. 12 f.

- A. Gib (1987): Varieties of managerial learning, 16 Jg. Heft 2/1987, S.36ff.

- R. Kaplan (1987): Development at the top, S. 244 ff.

7. Internetquellen

- www.master-leadership.unibremen.de/fileadmin/user_upload/redaktion/public/FKE.pdf

- http://berkemeyer.net/news/gallup-studie

8. Abbildungsverzeichnis

BEI GRIN MACHT SICH IHR WISSEN BEZAHLT

- Wir veröffentlichen Ihre Hausarbeit, Bachelor- und Masterarbeit

- Ihr eigenes eBook und Buch - weltweit in allen wichtigen Shops

- Verdienen Sie an jedem Verkauf

Jetzt bei www.GRIN.com hochladen und kostenlos publizieren